BEI GRIN MACHT SICH IHR WISSEN BEZAHLT

AF131035

- Wir veröffentlichen Ihre Hausarbeit,
  Bachelor- und Masterarbeit

- Ihr eigenes eBook und Buch -
  weltweit in allen wichtigen Shops

- Verdienen Sie an jedem Verkauf

Jetzt bei www.GRIN.com hochladen und kostenlos publizieren

Bibliografische Information der Deutschen Nationalbibliothek:

Die Deutsche Bibliothek verzeichnet diese Publikation in der Deutschen National-bibliografie; detaillierte bibliografische Daten sind im Internet über http://dnb.d-nb.de/ abrufbar.

Impressum:

Copyright © 2017 GRIN Verlag, Open Publishing GmbH
Druck und Bindung: Books on Demand GmbH, Norderstedt Germany
ISBN: 9783668427860

Dieses Buch bei GRIN:

http://www.grin.com/de/e-book/357885/der-prozess-von-orson-welles-im-vergleich-mit-der-literaturvorlage-von

Julius Häret

"Der Prozess" von Orson Welles im Vergleich mit der Literaturvorlage von Franz Kafka

Psychologische und philosophische Betrachtungen und deren Umsetzung

GRIN Verlag

GRIN - Your knowledge has value

Der GRIN Verlag publiziert seit 1998 wissenschaftliche Arbeiten von Studenten, Hochschullehrern und anderen Akademikern als eBook und gedrucktes Buch. Die Verlagswebsite www.grin.com ist die ideale Plattform zur Veröffentlichung von Hausarbeiten, Abschlussarbeiten, wissenschaftlichen Aufsätzen, Dissertationen und Fachbüchern.

Besuchen Sie uns im Internet:

http://www.grin.com/

http://www.facebook.com/grincom

http://www.twitter.com/grin_com

Gymnasium Gaimersheim

Seminararbeit aus dem wissenschaftspropädeutischen Seminar „Deutsche Literatur im Film - Vergleich zwischen literarischer Vorlage und filmischer Adaption" im Fach Deutsch

Psychologische und philosophische Betrachtungen und deren Umsetzung bei Orson Welles „Der Prozess" im Vergleich mit der Literaturvorlage von Franz Kafka

Angefertigt von   Julius Paul Häret

Abiturjahrgang   2015/17

Gaimersheim, den 07. Novenber 2016

Inhaltsverzeichnis

I. Franz Kafka und seine heutige Bedeutung

Kafka steht für sich: Er nimmt ein eigenes Kapitel in der Geschichte der deutschsprachigen Literatur ein.

Wodurch lässt sich die heutige Bedeutung seines Werkes erklären? Beschäftigt man sich mit dem Prager Schriftsteller, dann stolpert man über eine Vielzahl von Biographien, Studien und Interpretationen. Kafka ist heute „in", seine Person und sein literarisches Werk sind auch im 21. Jahrhundert Gegenstand von literaturwissenschaftlichen und historischen Arbeiten. Sein Stil ist außergewöhnlich, er schreibt mit der „kühlen Distanz eines Bürokraten"[1] und lässt sich, im Gegensatz zu vielen anderen Literaten seiner Zeit, nicht eindeutig in eine charakteristische Literaturepoche einordnen. Sein langjähriger Freund Max Brod veröffentlichte postthum, gegen den testamentarischen Willen von Kafka, seine drei Romanfragmente[2], sowie unzählige, kurze Prosatexte. Die Beweggründe Brods und die „moralische" Legitimation der Veröffentlichung sind bis heute umstritten.

Als Angehöriger einer deutschsprechenden, jüdischen Minderheit wurde er 1883 in Prag geboren und besuchte dort ein ebenfalls deutschsprachiges Gymnasium. Auf das Abitur folgte das Studium der Rechtswissenschaften an der geschichtsträchtigen Karlsuniversität, welches er mit der Promotion beendete. Schon zu seiner Studienzeit interessierte er sich für Kunstgeschichte und besonders für Literatur, woraufhin er auch in seiner Freizeit Vorlesungen zu diesen Themen besuchte. Vor seinem frühen Tod im Jahre 1924 arbeitete er für eine halbstaatliche Versicherungsgesellschaft im Prager Zentrum und konnte aufgrund seines Berufes den Schrecken des Ersten Weltkriegs entkommen.

„Ein Rätsel, das immer modern bleibt"[3] - Kafkas Œuvre, dass von einer spannenden, mysthischen Unergründlichkeit durchzogen ist, wirft die Frage auf, wie man sein literarisches Schaffen kontextualisiert: Gibt es interpretatorische Motive, sprich Konstanten, die sich durch sein Gesamtwerk ziehen? Und was macht Kafka gerade für unsere heutige digitalisierte Konsumgesellschaft bedeutsam?

---

[1] Murrenhoff 2015

[2] Anm.: *Der Prozess, Das Schloss, Der Verschollene/ Amerika*

[3] Murrenhoff 2015

Kafkas Roman „*Der Prozess*" und die Filmadaption des britischen Regisseurs Orson Welles aus dem Jahr 1962 sind die zentralen Analysegegenstände meiner Seminararbeit und wurden im Laufe der Zeit schon Objekt unzähliger literaturwissenschaftlicher, filmischer Untersuchungen, weshalb sie bereits nach den meisten Interpretationsmustern untersucht worden sind. Bei der Analyse, sowie dem Vergleich von Literaturvorlage und Verfilmung handelt es sich jedoch um eine aktuellere Studie, denn sie unterliegt dem Anspruch Verbindungen aufzuzeigen: zwischen der Philosophie und der Psychologie,zwischen Kafka und Welles, zwischen Literaturvorlage und Film, zwischen Vergangenheit und Gegenwart.

II.   Inhaltsangabe zu „Der Prozess"

Franz Kafka's Roman „Der Prozess", entstanden im Zeitraum zwischen den Sommermonaten 1914 und Januar 1915, beleuchtet die persönliche Tragödie des Protagonisten Josef K.. Dieser wird am frühen Morgen seines 30. Geburtstages von Gerichtsbeamten, die sich ohne Vorankündigung Zutritt zu seiner Wohnung verschafft haben, verhaftet. „Wir sind nicht dazu bestellt, Ihnen das zu sagen"[4], so antworten die drei Personen in seinem Zimmer über die Gründe ihres Eindringen in die Privatssphäre K's. Über das *Warum* der Verhaftung wird der Leser auch nicht im weiteren Verlauf des Romanfragments aufgeklärt, lediglich die Anfangsvermutung, dass jemand K. verleumdet haben mußte[5] , bleibt bestehen. Nicht nur die Art der Verhaftung ist absurd, sondern auch die Durchführung seiner Haft, denn K. soll in seiner „gewöhnlichen Lebensweise"[6] nicht gehindert werden, er kann sich also weiterhin frei bewegen und wird nicht festgehalten. Die Gerichtsräume sind untypischerweise „in muffigen Dachbodenkanzleien, wo zwischen Stapeln verstaubter Gerichtsdossiers intrigiert, bestochen und gehurt wird"[7].
Der Bankprokurist Josef K. , „ein erfolgreicher, auf der gesellschaftlichen Leiter aufstrebender Städter"[8], versucht im Laufe des Romans vergebens die Gerichtsbehörden

[4] Kafka 2011, S.8

[5] vgl. ebd. S.7

[6] ebd. S.19

[7] Spiegel 1962

[8] Nicolai 1986, S.9

zu ergründen, um herauszufinden, weswegen er angeklagt wurde und wie er seinem unendlich scheinenden Prozess ein Ende setzen kann. K. befindet sich in einem Labyrinth von unsichtbaren Mächten und Interessen und schafft es nicht, das Wesen seines Verfahrens zu ergründen. Er versucht mittels eines Advokaten einen Freispruch zu erreichen, doch auch der kann ihm nicht helfen und wird daraufhin gekündigt. „Am Vorabend seines einunddreißigsten Geburtstages"[9] stirbt der Protagonist „wie ein Hund"[10] ohne sich zur Wehr zu setzten, erdolcht von zwei Gerichtsdienern mit einem Fleischermesser. „Wo war der Richter den er nie gesehen hatte? Wo war das hohe Gericht bis zu dem er nie gekommen war?"[11] Diese Fragen bleiben unbeantwortet. Orson Welles folgt in seiner filmischen Umsetzung der wagen Struktur des Romans und verändert nicht die Haupthandlung, nimmt aber Änderungen an Handlungsraum und -zeit vor. Außerdem setzt er das Herzstück des Romans, die Parabel „Vor dem Gesetz" an den Anfang des Films, während sie im Roman im vorletzten Kapitel zu finden ist. Die schauspielerische Besetzung ist international, die Rolle K.s wurde von dem US-amerikanischen Schauspieler Anthony Perkins übernommen und Romy Schneider spielt die Affäre K.s, Leni die Haushälterin des Advokaten Huld[12].

III.   Psychologische Ansätze

1. Josef K. als Opfer der Gesellschaft - Die Schuld im „Prozess"

„Die totalitäre Realität der bürokratisch verwalteten Welt stürzt gleichermaßen
Albtraumhaft auf einen unbedarften Einzelnen ein, wodurch dieser nach anfänglichem
Widerstand unweigerlich zu Grunde geht."[13]

Die Schuldfrage, ob Josef K. nun schuldig ist oder nicht, ist ein zentraler thematischer Aspekt, der sich durch den ganzen Roman bzw. Film zieht. Von Beginn an besteht die Fragwürdigkeit der Schuld, die auch im Laufe des Verfahrens weder bestätigt noch verneint wird. Ist jedoch für das Gericht und seine Diener die Schuld erwiesen, so ist sich K. unsicher: In der Verfilmung stellt er gegenüber Fräulein Bürstner, seiner

---

[9] Kafka, S.206

[10] ebd. S.211

[11] ebd. S.210 f.

[12] Anm.: Schauspieler: Orson Welles

[13] Heim, 2015

Zimmernachbarin fest, dass „es wohl nie einen Sinn macht sich zu entschuldigen"[14].

„Und es wohl noch schlimmer als wenn man gar nichts getan hat und sich trotzdem schuldig fühlt"[15], führt Josef K. fort. Er hegt teilweise unbewusste Schuldgefühle dadurch, dass jeder ihn für schuldig erachtet. Hier siegt das Kollektiv über das Individuum, denn letztendlich laufen K. und seine zwei Mörder „in vollem Einverständnis"[16]. Schuld ist hierbei das System, dass es unmöglich macht frei und selbstbestimmt zu leben. Die Hauptaussage trifft ein Geistlicher im Dom, der zu K.s Verfahren feststellt: „Man hält Dich für schuldig. Dein Proceß wird vielleicht über ein niedriges Gericht gar nicht hinauskommen. Man hält wenigstens vorläufig Deine Schuld für erwiesen."[17] Hier gilt der strafprozessuale Grundsatz *in dubio pro reo* - „Im Zweifel für den Angeklagten" nicht, er wird umgekehrt und zeigt den unterdrückenden Charakter des Gerichts.

K. ist eindeutig ein Aussenseiter, ein intelligenter, junger Kerl, der in einer großen Bank Karriere gemacht hat, jedoch immer im Kontrast zur Masse steht. Er erfüllt den Typus des Opfers, scheint es fast so als würde er vom Schicksal verfolgt werden, ist er aber gleichzeitig ein Rebell, der kein Blatt vor den Mund nimmt. So hält er vor Gericht ein Plädoyer, indem er dem Richter bzw. dem Gericht vorwirft ein „lüderliches Verfahren"[18] zu führen und eine „öffentliche Besprechung eines öffentlichen Mißstandes"[19] fordert. Befremdlich ist die Reaktion der männlichen, in Anzügen gekleideten Zuhörer: Sie lachen und klatschen amüsiert. Vor allem im Film hat dieses Lachen der Zuhörer etwas überhebliches, als würde K. vorne stehen und reden, während ihn niemand ernst nimmt und er von allen Seiten ausgelacht wird. Diese Demütigungen brechen seinen Widerstand, seine kritische Auseinandersetzung mit dem Gericht und folglich erscheint er als hilfloser Rebell, der keinen Ausweg kennt und nur noch ein Opfer der Gesellschaft ist. Die Behörden, die verantwortlich für das Verfahren gegen K. sind,

---

[14] Welles 1962, TC: 00:21:34 - 00:21:37

[15] Welles 1962, TC: 00:21:37 - 00:21:42

[16] Kafka, S.208

[17] ebd, S.194

[18] ebd. S.44

[19] ebd. S.45

suchen „nicht etwa die Schuld in der Bevölkerung"[20], denn sie sind sich sicher, dass sie unfehlbar sind.

Der Advokat Huld attestiert K. Verfolgungswahn, denn er bildet sich fälschlicherweise ein, ein „Opfer einer Verschwörung"[21] zu sein. Doch er ist viel mehr ein Opfer der Gesellschaft, da er es nicht schafft sich der Gesellschaft anzupassen.[22]

K. scheitert vor allem an sich selbst, da sein Denken und Handeln im Widerspruch zu den Grundsätzen der Gesellschaft stehen. In dieser geht es nicht um richtig oder falsch im metaphysischen Sinne, hier geht es um eine starke Vereinfachung. Diese Unterscheidung basiert auf den von der Gesellschaft vorgegebenen Denk - und Handlungsmuster und nicht auf komplexer, tiefgreifender Reflexion.

2. „Der Prozess" als absurde Traumvorstellung

Dass „Der Prozess" absurd erscheint ist zweifellos, bereits am Anfang des Films wird auf diese These explizit hingewiesen: „Man sagt, dass seine Logik die Logik eines Traumes ist. Eines Albtraumes."[23] Im „Prozess" verschwimmt die Unterscheidung zwischen Wirklichkeit, also der tatsächlich erlebten Realität und der düsteren, dystopischen Traumwelt. Weder der Leser/ Zuschauer noch K. kann letztendlich entscheiden in welcher Späre, Wirklichkeit oder Traum die Handlung abläuft. Dieser Traum kann im Sinne der Psychoanalyse, die zu Beginn des 20. Jahrhunderts an Bedeutung gewann, gedeutet werden.

„Das Träumen ist offenbar das Seelenleben während des Schlafes, das mit dem des Wachens gewisse Ähnlichkeiten hat und sich durch große Unterschiede dagegen absetzt. Das war schon die Definition des Aristoteles. Vielleicht bestehen zwischen Traum und Schlaf noch nähere Beziehungen. Man kann durch einen Traum geweckt werden, man hat sehr oft einen Traum, wenn man spontan erwacht oder wenn man gewaltsam aus dem Schlafe gestört wird. Der Traum scheint also ein Zwischenzustand zwischen Schlafen und Wachen zu sein."[24]

---

[20] ebd. S.12

[21] Welles, TC: 01:46:21 - 01:46: 23

[22] ebd. TC: 01:46:00 - 01:47:00

[23] ebd. TC: 00:04:00 - 00:04:08

[24] Freud 1916

Verdrängung ist ein ganz fundamentaler Abwehrmechanismus, der in Träumen seinen Ausdruck findet. Wird diese Verdrängung von belastenden emotionalen Momenten begleitet kommt es zu Albträumen, die in ihrer Logik und Struktur absurd erscheinen.

„Die Wirkung von Kafkas Bildern beruht nur zum Teil auf der Präzision der Beobachtung, zum größeren Teil auf der Mischung von Schärfe und Unschärfe der Zeichnung, auf der unheimlichen Mischung von Realem und Irrealem, Vertrautem und Fremden. […]
Sie können nicht durch Reflexion begriffen werden, sie unterstehen der Gesetzlichkeit, die das unbewußte Seelenleben beherrscht."[25]

Welles setzt diesen Aspekt um, indem er bewusst auf eine realistische Schilderung verzichtet und in Bezug auf die filmischen Gestaltungsmittel viel Wert auf das Spiel mit Licht und Schatten setzt.[26]

IV.   Philosophisch-soziologische Ansätze - Das Motiv der Entfremdung

Das Leben wird nicht direkt durch den Zufall bestimmt, aber „die Bürokraten, die Verwaltung, die Macht erdrücken das Individuum"[27], so die Kernaussage der Verfilmung. Der Mensch wird in die Welt geworfen, beinahe ohnmächtig kann er weder diese, noch sich selbst verstehen und versucht sich nun im Leben zu behaupten. Jede Möglichkeit zur Selbstentfaltung wird durch Gesetzte, moralische Normen und Gebote reguliert. Die Gesellschaft an sich und vor allem die bürokratisierte Monarchie des Habsburgerreiches ersticken die vielseitige Ausprägung der Individualität bereits im entstehen. So kommt es, dass K. nicht fähig ist, den Sinn seiner eigenen Existenz zu verstehen, jedoch trotzdem verantwortlich für sein Handeln gemacht wird.

„Bei Hegel[28] heißt Entfremdung in der Phänomenologie des Geistes der Verlust der ursprünglichen Freiheit. […]
Hegel beschreibt diesen Begriff vor an Machtverhältnissen. Der Knecht ist dem Herrn untergeordnet und steht unter seinem Dienst. Er arbeitet für ihn und nicht für sich selbst. Er kann sich mit seiner Arbeit nicht Verwirklichen sondern muß es unter Notwendigkeit

---

[25] Muschg 2009, S.719f.

[26] siehe Anhang Bild 2

[27] Welles, TC: 00:00:10 - 00:00:12

[28] Anm.: Georg Wilhelm Friedrich Hegel - Philosoph des deutschen Idealismus

leisten. Der Herr jedoch, der nichts leistet und sich nur mit der Produktivität seines Knechts abfindet befindet sich auch in einer Entfremdung."[29]

Man sieht, dass K. nicht nur, wie schon beschrieben, unter dem Druck der Gesellschaft leidet, sondern auch durch seine Arbeit entfremdet wird. Josef K. ist in seiner Rolle als leitender Prokurist einer großen Bank Knecht und Herr zugleich. Er steht oben in der Hierarchie, dennoch richtet er sein Handeln streng nach den Zielen seines Chefs und des Unternehmens aus. Er leistet diesen Dienst nicht aus Interesse, sondern aus purer Notwendigkeit. Er besitzt keine schöpferische Gestaltungsfreiheit.

Hier wird auch die Relativität der Welt betont, in der K. lebt und die ihn psychisch belastet. „Soll das alles wahr sein? - Wir brauchen nichts als Wahr zu akzeptieren, nur als notwendig."[30]

„das Sichverirren überhaupt, der zurückweichende und sich verwandelnde Raum, das plötzliche Eintreten eines Unbekannten, die Bedrohung durch eine schreckliche fremde Macht, das Vernichtetwerden durch die ungeheuren Folgen eines spielerischen kleinen Vergehens, der Kampf, die Einsamkeit, das Gerichtetwerden."[31]

Im Film wird visuell die Entfremdung durch das im kapitalistischen Gesellschaftssystem typische Großraumbüro illustriert. Wie Legehennen sitzen die Angestellten in sauber angeordneten Reihen in einer riesigen Fabrikhalle, die als Büroraum fungiert. Sie alle tragen Anzüge und ähneln sich alle in Mimik und Gestik.[32] Es ist augenscheinlich kein Platz für Individualität, alles ist nach strenger Vorgabe umgesetzt und das Wichtigste ist Effizienz. Kurz vor Beendigung seines Verfahrens im Dom einer Kirche ist K. in hektischer Weise, trotz seiner existenziellen Probleme, immernoch in Gedanken an seine Arbeit: „Im Büro wartet ein Haufen Arbeit für mich, schließlich bin ich der Vizepräsident meiner Abteilung."[33]

In diesem Sinne kann Kafkas und Welles „Prozess" als eine soziologische Kritik an einer schier absurden Gesellschaft verstanden werden.

---

[29] Özdemir 2001, S.11f.

[30] Welles, TC: 01:46:03 - 01:46:07

[31] Muschg, S.724

[32] siehe Anhang Bild 1

[33] Welles, TC: 01:44:53 - 01:45:00

V.   Vergleichendes Gesamturteil von Film und Adaption anhand der oben angeführten Analyseergebnisse

Es gibt mit Sicherheit weniger komplexe Themen als Interpretationen zu Kafkas Romanfragmenten und auch Welles hat mit seiner Verfilmung das Gegenteil eines flachen, konsumentengerechten Films geschaffen.

Der französische Existentialist Albert Camus beschreibt den Charakter von Kafkas Œuvre : „Es ist das Schicksal und vielleicht auch die Größe dieses Werks, daß es alle Möglichkeiten darbietet und keine bestätigt."[34] Es ist der Unschärfe und Komplexität des Romans geschuldet, dass „Der Prozess" viel Deutungsmöglichkeiten zulässt und eine Interpretation aus verschiedensten Blickwinkeln möglich macht. Die Beschäftigung mit dem Thema der Seminararbeit hat gezeigt, dass es zwar bereits unzählige Interpretationen zum „Prozess" gibt, aber ein aspektorientierter, interpretierender Vergleich auf dem Markt noch nicht vorhanden ist.

Die Vielschichtigkeit der Romanvorlage hat sich Welles zu Herzen genommen und verfremdet den Stil Kafkas nicht. Eine religiöse Deutung lässt er in der Umsetzung jedoch nicht zu, während er vor allem die psychologischen und philosophisch - soziologischen Aspekte verstärkt hervorhebt. Auch dass Anthony Perkins (Josef K.) in seinem Aussehen Kafka ähnelt, lässt die Verbindung von Hauptfigur und Autor zu. Die schauspielerische Besetzung ist durch internationalität geprägt und passt gut zu der *Prozessthematik*.

Welles konstruiert ein surreales Szenario, dass den Zuschauer fesselt und unterlegt die befremdliche, düstere leicht melancholische Grundstimmung, indem er das Streicherkonzert „Adagio in G-Moll" von dem barocken Komponisten Tomaso Albinoni als wiederkehrendes Motiv benutzt.

Betrachtet man die psychologischen und philosophischen Interpretationsthesen, so fällt auf, dass beide Thesen unabhängig voneinander existieren können und sich sogar ergänzen. Welles hat versucht in seiner Adaption die Gemeinsamkeiten von Buch und Film hervorzuheben, diese jedoch wieder aktueller, im Geiste seiner Zeit filmisch zu gestalten.

---

[34] Camus 1999, S. 180

Welles schafft es, den Zuschauer aus seiner Rolle zu bekommen und wagt den Versuch, ihm selbst und der Gesellschaft den Spiegel vorzuhalten. Allerdings muss man sich mit der Materie, also dem Roman und einiger Zusatzliteratur beschäftigen, um die Feinheiten der Welles'schen Interpretation zu erkennen.

VI.   Das Kafkaeske in der heutigen Konsumgesellschaft

„Die Schrift ist unveränderlich und die Meinungen sind oft nur ein Ausdruck der Verzweiflung."[35]

Kafka war ein Visonär, der viele Gefahren des 20./ 21. Jahrhunderts voraussah. Die beiden totalitären Systeme, faschistische Diktatur und bolschewistischer Sozialismus, weisen *kafkatypische* Strukturen auf. Man möge sich nur mit der Erzählung „In der Strafkolonie" beschäftigen und die Paralellen zur massenhaften Judenvernichtung der Nationalsozialisten sind offensichtlich.

Die Konsumgesellschaft und Kafka - eine interessante Liaison, die vor allem durch den Begriff ‚kafkaesk' beschrieben werden kann. Wie charakterisiert sich die heutige Konsumgesellschaft? Zunehmende Unsicherheit, sei es in der Politik oder auch im Arbeitsverhältnis ist prägend. Außerdem nimmt die Entfremdung von Arbeit und Produktion zu, da immer mehr von Tätigkeiten von Robotern und Algorithmen geleistet wird. Die Folge ist, dass der Mensch sich scheinbar sinnlos in seiner Existenz fühlt und es nicht schafft sich selbst zu ergründen. Das ist das typische „Kafkadilemma" und gerade die Auseinandersetzung mit seinem Werk führt zu einer Art Selbsterkenntnis: *Ich kann diese Welt nicht ändern und verstehen, aber ich kann sie akzeptieren.*

„Auf unergründliche Weise bedrohlich"[36] erscheint nicht nur das Gericht und K.s Verfahren im „Prozess", sondern auch die globale, vom angelsächsischen Turbokapitalismus geprägte Gesellschaft 4.0. Der Fortschritt, das Internet und soziale Medien haben vielen Menschen die gewohnte eindimensionale Betrachtung der Welt zerrüttet und durch eine neue, mehrdimensionale, sich rasch verändernde ersetzt. Die Menschheit steht vor großen Veränderungen, denn viele Zusammenhänge, ob sie nun die Politik oder die Wirtschaft betreffen, sind multinational, komplex und für den

---

[35] Kafka 2011, S.201

[36] Definition ‚kafkaesk' (Duden)

Einzelnen auf den ersten Blick *unergründlich*. Diese Veränderungen vermitteln ein Gefühl der Schwäche, die Globalisierung wird von vielen Europäern als *Bedrohung* angesehen, obwohl sie von ihr am meisten profitieren. Der Trend führt zu kleinen, eingegrenzten Räumen mit einem Ruf nach den Nationalstaaten. Großbritannien verlässt aufgrund einer Volksabstimmung die Europäische Union und versucht die (Schein-)Idee des unabhängigen Nationalstaats zu wahren.

„Ab dem Augenblick, da Josef K. zum Angeklagten, also zum Verdächtigen erklärt wird, erleidet er eine Einschränkung seiner Privatsphäre. Man redet über ihn, man deutet auf ihn. Dabei bleibt er körperlich und sozial völlig unversehrt, selbst seinen Job in einer Bank macht niemand ihm streitig. Dennoch fühlt sich K. wie ein gehetztes Wild, und Kafka gelingt es, das Klima der Angst so zu verstärken, dass auch der Leser zwischen realer Bedrohung und Paranoia nicht mehr unterscheiden kann."[37]

Die NSA - Spähaffäre hat die Angst der Bürger vor systematischer Überwachung, vor Machtausnutzung des Staats bzw. des Systems präsent gemacht. Da dies durch den unkontrollierbaren Fortschritt der Digitalisierung passiert, fehlen Gesetzte und Richtlinien zur Kontrolle staatlicher *Gewalt*. Das direkte Eindringen in die Privatssphäre und die Verletzung bürgerlicher Grundrechte versetzt in die Lage des K.s, der Unterschied ist jedoch: Josef K. sieht sich der abstrakten Gefahr bei seiner Verhaftung gegenüberstehend - heutzutage kann auch über Landesgrenzen hinweg Macht missbraucht werden.

Ebenso der massive Einsatz von Überwachunskameras im öffentlichen Raum, der das „Verdächtigsein zu einem natürlichen sozialen Zustand"[38] macht ist eine kafkaeske Dystopie[39].

---

[37] Stach 2014

[38] ebd.

[39] vgl. ebd.

VII. Quellen

1.Literaturverzeichnis

Braun, Michael: Kafka im Film. Die Prozeß-Adaptionen von Orson Welles, Steven Soderberh und David Jones, In: Braun, Michael / Kamp, Werner (Hrsg.): Kontext Film. Beiträge zu Film und Literatur, Berlin 2006, S. 27-45.

Camus, Albert: Die Hoffnung und das Absurde im Werk von Franz Kafka. In Camus, Albert. Der Mythos des Sisyphos. 1. Aufl. der Neuübersetzung. Reinbek bei Hamburg 1999.

Friedländer, Saul: Franz Kafka. München 2014.

Kafka, Franz: Der Proceß. Stuttgart 2011.

Muschg, Walter: Franz Kafka - Der Künstler. In: Schütt, Julian / Stephan, Winfried (Hrsg.): Die Zerstörung der deutschen Literatur und andere Essays. Zürich 2009.

Muschg, Walter: Über Franz Kafka. In: Schütt, Julian / Stephan, Winfried (Hrsg.): Die Zerstörung der deutschen Literatur und andere Essays. Zürich 2009.

Nicolai, Ralf: Kafkas „Prozess". Motive und Gestalten, Würzburg 1986.

Poppe, Sandra: Visualität in Literatur und Film. Eine medienkomparistische Untersuchung moderner Erzähltexte und ihrer Verfilmung, In: Lamping, Dieter u.a. (Hrsg.): Palaestra. Untersuchungen zur europäischen Literatur, Göttingen 2007.

2. Internetverzeichnis

David, Thomas (2008): Im Gespräch: Reiner Stach. „War Kafkas Leben kafkaesk?". http://www.faz.net/aktuell/feuilleton/buecher/rezensionen/belletristik/im-gespraech-reiner-stach-war-kafkas-leben-kafkaesk-1543808.html (Stand: 06.08.2016)

Freud, Sigmund (1916): Sigmund Freud: Vorlesungen zur Einführung in die Psychoanalyse - Kapitel 5. http://gutenberg.spiegel.de/buch/-926/5 (Stand: 06.11.2016)

Murrenhoff, Sarah (2015): Franz Kafka (1883–1924): Ein Rätsel, das immer modern bleibt. http://blog.zeit.de/schueler/2015/04/24/franz-kafka-ein-raetsel-das-immer-modern-bleibt/ (Stand: 06.08.2016)

Özdemir, Senay (2001): Die Entfremdung des Individuums in Franz Kafkas Romanen. http://www.grin.com/de/e-book/60314/die-entfremdung-des-individuums-in-franz-kafkas-romanen (Stand: 05.11.2016)

Spiegel Online - Der Spiegel (1962): Kafka. Mister Kay. http://www.spiegel.de/spiegel/print/d-45140326.html (Stand: 05.11.2016)

Stach, Reiner (2014): Wie Kafka unsere Facebook-Existenz voraussah. https://www.welt.de/kultur/literarischewelt/article124410648/Wie-Kafka-unsere-Facebook-Existenz-voraussah.html (Stand: 07.11.2016)

3. Abbildungs-und Videoverzeichnis

Welles, Orson: Der Prozess. Paris 1962.

Bild 1
http://de.web.img1.acsta.net/r_640_600/b_1_d6d6d6/medias/nmedia/18/65/61/52/19828656.jpg (Stand: 06.11.2016)
Bild 2
http://1.bp.blogspot.com/-KbsN95bgF_M/Uo_IEzJmZMI/AAAAAAAACrs/4oh9SGgr6iw/s400/The+Trial+(1962)+720p+BRrip_sujaidr+(pimprg)%5B(096713)21-56-25%5D.PNG (Stand: 06.11.2016)

VIII. Anhang

Bild 1

Bild 2